www.ingramcontent.com/pod-product-compliance
Lightning Source LLC
LaVergne TN
LVHW010436070526
838199LV00066B/6046
9789358727395

شگفتہ دِلی

(انشائیے)

خواجہ حسن نظامی

© Taemeer Publications LLC

Shigufta Dili (*Humorous Essays*)
by: Khwaja Hasan Nizami
Edition: September '2024
Publisher :
Taemeer Publications LLC (Michigan, USA / Hyderabad, India)

ISBN 978-93-5872-739-5

مصنف یا ناشر کی پیشگی اجازت کے بغیر اس کتاب کا کوئی بھی حصہ کسی بھی شکل میں بشمول ویب سائٹ پر اَپ لوڈنگ کے لیے استعمال نہ کیا جائے۔ نیز اس کتاب پر کسی بھی قسم کے تنازع کو نمٹانے کا اختیار صرف حیدرآباد (تلنگانہ) کی عدلیہ کو ہو گا۔

© تعمیر پبلی کیشنز

کتاب	:	**شگفتہ دِلی** (انشائیے)
مصنف	:	**خواجہ حسن نظامی**
صنف	:	طنز و مزاح
ناشر	:	تعمیر پبلی کیشنز (حیدرآباد، انڈیا)
سالِ اشاعت	:	۲۰۲۴ء
صفحات	:	۵۴
سرورق ڈیزائن	:	تعمیر ویب ڈیزائن

فہرست

(۱)	عشق باز ٹڈا	6
(۲)	پیاری ڈکار	8
(۳)	جہادی شہید کا کفن	11
(۴)	جگر کے ٹکڑے	15
(۵)	کم ان	20
(۶)	مس چڑیا کی کہانی	23
(۷)	مس چڑیا کی پیدائش	27
(۸)	تن کا سمندر	29
(۹)	خدا کی خاطر	31
(۱۰)	عید کی جوتی	33
(۱۱)	گلہری	35
(۱۲)	خدا پرستی کا نسخہ	39
(۱۳)	جھینگر کا جنازہ	42
(۱۴)	لاکھ نے نہیں، کروڑ نے	46
(۱۵)	قیصرہ کے بچے کو سنے میں آتے ہیں	48
(۱۶)	بنت چھپکلی	52

عشق باز ٹڈا

ہزاروں لاکھوں ننھی سی جان کے کیڑوں پتنگوں میں ٹڈا ایک بڑے جسم اور بڑی جان کا عشق باز ہے اور پروانے آتے ہیں تو روشنی کے گرد طواف کرتے ہیں۔ بے قرار ہو ہو کر چمنی سے سر ٹکراتے ہیں۔ ٹڈے کی شان نرالی ہے۔ یہ گھورتا ہے۔ مونچھوں کو بل دیتا ہے اور اچک کر ایک حملہ کرتا ہے۔ سمجھتا ہو گا میں ٹکر مار کر روشنی کو فتح کر لوں گا۔ سب کم ذات چھوٹے رقیبوں کی آنکھ میں خاک ڈال کر اپنی محبوبہ کو اڑا کر لے جاؤں گا۔ اور آ کھ کے درخت پر بیٹھ کر اس کو گلے لگاؤں گا۔ میرے گیت سن کر روشنی ہمیشہ ہمیشہ کو میری تابعدار بن جائے گی۔

پر ہائے عشق کے کوچہ میں کس کا خیال پورا ہوا ہے۔ کس کی آرزو بر آئی ہے۔ کون بامراد رہا ہے جو ٹڈے کا ارمان پورا ہوتا۔ حسرت نصیب اُچک اُچک۔ پھُدک پھُدک کر۔ گھور گھور کر رہ جاتا ہے اور نور پر قبضہ میسر نہیں آتا۔ مجھ کو ان عاشق زار کیڑوں نے بہت ستایا ہے۔ میرے رات کے مطالعہ میں یہ شریر بڑا رخنہ ڈالتے ہیں۔ سر کے بالوں میں آنکھوں میں کانوں میں گھسے چلے آتے ہیں۔ کوئی پوچھے کہ بھئی آدمی کے سر کیوں ہوتے ہو جس پر جی آیا ہے اس کے پاس جاؤ۔ اس سے ملنے کی کوشش کرو۔

مگر وہ تو زمانہ کی تاثیر ہے۔ آج کل ہر عشق باز باتونی اور لسان ہو گیا ہے۔ جان دینے اور معشوق پر قربان ہو جانے کی ہمت جانوروں تک میں نہیں۔ اب وہ وقت گیا۔ شیخ سعدی نے بلبل کو پروانے کی سرفروشی کا طعنہ دیا تھا۔ اور کہا تھا کہ عشق پروانے سے سیکھ کر بولتا نہیں ایک دفعہ آکر جان دے دیتا ہے۔

اب تو پروانے بھی آتے ہیں تو آدمیوں کو ستاتے ہیں۔ ان کے ناک کان میں گھستے ہیں۔ تاکہ وہ ان کی عشق بازی سے آگاہ ہو جائیں۔ نمود کا شوق آدمیوں سے گزر کر جانوروں تک میں سرایت کر گیا۔ ان دنوں ہر ہستی دکھاوے اور ریاکاری کی مشتاق ہے۔ یہ کیڑے صرف اپنے عشق کا اظہار کرنے کو آدمی پر گرے پڑتے ہیں تاکہ اس کو علم ہو جائے کہ ان کو روشنی سے محبت ہے۔

ذرا انصاف کرنا۔ کل میں نے مسہری کے پردے ڈال کر سرہانے روشنی رکھی کہ اب تو ان نسو بازوں سے چھٹکارا ملے گا۔ مگر موذی ننھے کیڑے مسہری کے چھوٹے سوراخوں میں گھس آئے اور ایسی شورش کی کہ میں نے کتاب اٹھا کر دے ماری۔ غصہ سے بیتاب ہو گیا۔ دیوانوں کی طرح کیڑوں کو، برسات کو اور اس موسم کی رات کو برا بھلا کہا۔ اور تو اور غسل خانہ تو الگ کونہ میں ہے۔ اس کے دروازہ پر تو چلمن پڑی ہوئی ہے۔ وہاں بھی ان فتنوں کی فوج گھستی چلی جاتی ہے۔ کیونکہ غسل خانہ میں بھی ان کی فاحشہ معشوقہ روشنی رکھی ہے۔

***

پیاری ڈکار

کونسل کی ممبری نہیں چاہتا۔ قوم کی لیڈری نہیں مانگتا۔ ارل کا خطاب درکار نہیں۔ موٹر، اور شملہ کی کسی کوٹھی کی تمنا نہیں۔ میں تو خدا سے اور اگر کسی دوسرے میں دینے کی قدرت ہو تو اس سے بھی صرف ایک "ڈکار" طلب کرتا ہوں۔ چاہتا یہ ہوں کہ اپنے طوفانی پیٹ کے بادلوں کو حلق میں بلاؤں اور پوری گرج کے ساتھ باہر برساؤں۔ یعنی کڑا کے دار ڈکار لوں۔ پر کیا کروں یہ نئے فیشن والے مجھ کو زور سے ڈکار لینے نہیں دیتے۔ کہتے ہیں ڈکار آنے لگے تو ہونٹوں کو بھینچ لو اور ناک کے نتھنوں سے اسے چپ چاپ اڑا دو۔ آواز سے ڈکار لینی بڑی بے تہذیبی ہے۔

مجھے یاد ہے یہ جیمس لا ٹوش۔ یوپی کے لفٹنٹ گورنر علی گڑھ کے کالج میں مہمان تھے۔ رات کے کھانے میں مجھ جیسے ایک گنوار نے میز پر زور سے ڈکار لے لی۔ سب جنٹلمین اس بے چاری دہقانی کو نفرت سے دیکھنے لگے، برابر ایک شوخ و طرار فیشن ایبل تشریف فرما تھے۔ انہوں نے نظر حقارت سے ایک قدم اور آگے بڑھا دیا۔ جیب سے گھڑی نکالی اور اس کو بغور دیکھنے لگے۔ غریب ڈکاری پہلے ہی گھبرا

گیا تھا۔ مجمع کی حالت میں متاثر ہو رہا تھا۔ برابر میں گھڑی دیکھی گئی تو اس نے بے اختیار ہو کر سوال کیا۔ جناب کیا وقت ہے۔

شریر فیشن پرست بولا۔ گھڑی شاید غلط ہے۔ اس میں نو بجے ہیں۔ مگر وقت بارہ بجے کا ہے کیونکہ ابھی توپ کی آواز آئی تھی۔ بے چارہ ڈکار لینے والا سن کر پانی پانی ہو گیا کہ اس کی ڈکار کو توپ سے تشبیہ دی گئی۔

اس زمانہ میں لوگوں کو سیلف گورنمنٹ کی خواہش ہے۔ ہندوستانیوں کو عام مفلسی کی شکایت ہے۔ میں تو نہ وہ چاہتا ہوں۔ نہ اس کا شکوہ کرتا ہوں۔ مجھ کو تو انگریزی سرکار سے صرف آزاد ڈکار کی آرزو ہے۔ میں اس سے ادب سے مانگوں گا۔ خوشامد سے مانگوں گا۔ کوئی نہ لائے گا۔ یونہی دیتا ہوں زور سے مانگوں گا۔ جدو جہد کروں گا۔ ایجی ٹیشن مچاؤں گا۔ پر زور تقریریں کروں گا۔ کونسل میں جا کر سوالوں کی بوچھار سے انریبل ممبروں کا دم ناک میں کر دوں گا۔

لوگو! میں نے تو بہت کوشش کی کہ چپکے سے ڈکار لینے کی عادت ہو جائے۔ ایک دن سوڈاواٹر پی کر اس بھونچال ڈکار کو ناک سے نکالنا بھی چاہتا تھا۔ مگر کم بخت دماغ میں الجھ کر رہ گئی۔ آنکھوں سے پانی نکلنے لگا۔ اور بڑی دیر تک کچھ سانس رکا رکا سا رہا۔

ذرا تو انصاف کرو۔ میرے ابّا ڈکار زور سے لیتے تھے۔ میری اماں کو بھی یہی عادت تھی۔ میں نے نئی دنیا کی ہم نشینی سے پہلے ہمیشہ زور ہی سے ڈکار لی۔ اب اس عادت کو کیونکر بدلوں ڈکار آتی ہے۔ تو پیٹ پکڑ لیتا ہوں۔ آنکھیں مچکا مچکا کے زور

لگاتا ہوں۔ کہ موذی ناک میں آجائے اور گونگی بن کر نکل جائے۔ مگر ایسی بدذات ہے۔ نہیں مانتی۔ حلق کو کھرچتی ہوئی منہ میں گھس آتی ہے۔ اور ڈنکا بجاکر باہر نکلتی ہے۔ کیوں بھائیو، تم میں سے کون کون میری حمایت کرے گا۔ اور نئی روشنی کی فیشن ایبل سوسائٹی سے مجھ کو اس اکسٹریمسٹ حرکت کی اجازت دلوائے گا۔

خلقت تو مجھ کو حزب الاحرار یعنی گرم پارٹی میں تصور کرتی ہے۔ اور میرا یہ حال ہے کہ اپنی گرم ڈکار تک کو گرما گرمی اور آزادی سے کام میں نہیں لا سکتا۔ ٹھنڈی کر کے نکالنے پر مجبور ہوں۔

ہائے میں پچھلے زمانہ میں کیوں نہ پیدا ہوا۔ خوب بے فکری سے ڈکاریں لیتا۔ ایسے وقت میں جنم ہوا ہے کہ بات بات پر فیشن کی مہر لگی ہوئی ہے۔

تم نے میرا ساتھ نہ دیا تو میں ماش کی دال کھانے والے یتیموں میں شامل ہو جاؤں گا کیسے خوش قسمت لوگ ہیں۔ دکانوں پر بیٹھے ڈکاریں لیا کرتے ہیں۔ اپنا اپنا نصیبا ہے۔ ہم ترستے ہیں اور وہ نہایت مصرفانہ انداز میں ڈکاروں کو برابر خرچ کرتے رہتے ہیں۔ پیاری ڈکار میں کہاں تک لکھے جاؤں۔ لکھنے سے کچھ حاصل نہیں، صبر بڑی چیز ہے۔

***

جہادی شہید کا کفن

نکالا شیخ کو مجلس سے اس نے یہ کہہ کر
یہ بیوقوف ہے مرنے کا ذکر کرتا ہے

میں چودھویں صدی کا مسافر۔ گھر سے چلتا ہوں۔ تو ٹفن باسکٹ اور اخبار کا پرچہ سردی ہو تو ایک فیشن ایبل کمبل ضرور ساتھ رکھتا ہوں۔ گزشتہ صدیوں کے مسلمان سفر کو جاتے تھے تو جانماز۔ قرآن شریف، لوٹا مسواک، اور کفن بھی ساتھ لے لیتے تھے کیونکہ ان کو عبادت اور موت کا گھر سے نکل کر بھی خیال رہتا تھا۔

یہ تو میں نہیں کہہ سکتا کہ سامان سفر میرا اچھا ہوتا ہے یا ان کا اچھا ہوتا تھا۔ اس کا فیصلہ ہر شخص اپنے اپنے مذاق کے موافق کر سکتا ہے۔

البتہ کفن کی نسبت اتنا کہہ سکتا ہوں کہ یہ بہت ہی ڈراؤنی چیز ہے۔ اس کو اپنے ڈریس روم میں بصورت فوٹو بھی نہیں دیکھنا چاہتا۔ عجیب بے ہنگم لباس ہے اور لباس بھی اس وقت کا جس کا خیال کرنے سے قوت عقل کو صدمہ ہوتا ہے، اور خواہ مخواہ عیش وراحت میں گڑ گڑاہٹ ہونے لگتی ہے۔

سنتا ہوں مسلمانوں کے ہاں ایک حدیث آئی ہے کہ جو شخص رات دن میں

چالیس بار۔ روزانہ موت کو یاد کر لیا کرے تو اس کو شہید کا درجہ ملتا ہے۔ میرے فیملی ڈاکٹر کو اس کی خبر ہو جائے کہ میں نے ایسی بات سننے کا ورد کیا ہے۔ تو وہ ضرور کلوروفام لے کر دوڑ آئے۔ یا افیون کا ست پلائے۔ یا برانڈی کے چند قطرے حلق میں ٹپکائے کیونکہ اس کو میری صحت کا بڑا خیال رہتا تھا۔ اور وہ نہیں چاہتا کہ ایسی وہی چیزوں سے میرا دماغ پریشان ہو۔

میں ان دنوں وہسکی کا ایک گلاس زیادہ پینے لگا ہوں کیونکہ کم بخت واہمہ لڑائی کی ڈراؤنی شکلیں سامنے آتا ہے۔ اور دل سے کہتا ہے کہ سب آدمی مر جایا کرتے ہیں میرا دل ایسا واقع ہوا ہے۔ کہ وہ مرنے کے خیال میں فوراً جی لگا لیتا ہے۔ ہر چند اس کو ادھر سے ہٹاتا ہوں۔ مگر وہ میدان جنگ کے بے گور و کفن مردوں کے دیکھنے سے باز نہیں آتا۔ اور ٹھنڈے سانس بھر کے کہتا ہے ایک دن سب کو اسی طرح مرنا ہو گا۔ میں نے بارہا اس سے پوچھا کہ مجھ کو بھی؟ تو اس نے ذرا رعایت نہ کی اور یہی کہا۔ ہاں تجھ کو بھی۔ اس لئے میں نے مجبوراً جام شراب سے اس کا منہ بند کیا اور تھوڑی دیر کے لئے اس سے نجات حاصل کی۔

کل کی سنو! ایک مسلمان شہیدوں کے کفن کی نسبت بحث کر رہا تھا۔ میں نے چاہا کہ سنی ان سنی کر دوں۔ مگر اس نے کہا کہ آپ بھی تو مسلمان ہیں۔ مجھے کچھ شرم سی آئی۔ اور میں نے سائل کی رعایت سے الحمدللہ کہہ دیا۔

یہ لوگ بڑے بے تہذیب ہوتے ہیں۔ اتنا خیال نہ کیا کہ میں نے کتنی بڑی

جرات کر کے اس کا دل ٹھنڈا کیا تھا۔ چاہئیے تھا کہ خاموش ہو جاتا مگر وہ تو گلے کا ہار ہو گیا۔ بولا شہیدوں کو کفن نہیں دیا جاتا۔ وہ اپنے ملبوس خون آلود ہی میں بغیر غسل کے دفن ہوتے ہیں۔ خون ان کا غسل ہے اور خون بھری پوشاک ان کا کفن دفن۔ کفن کا ہم وزن لفظ سن کر مجھے ایک پھریری سے آئی۔ اور دل کے اندر سینہ کے پٹھے میں درد کی سی کسک معلوم ہوئی۔ میں ڈرا۔ کیوں صاحب کل کرکٹ کا میچ کیسا رہا؟ اس وحشی نے جواب دیا آپ گیند بلے کو پوچھتے ہیں مجھے اس کی بابت کچھ معلوم نہیں۔ اتنا کہہ کر پھر شہید کے کفن کو لے بیٹھا کہ وہ کیسی اچھی موت ہے۔ مسلمان دولھا بن کر خدا کے سامنے جاتا ہے۔ سر کٹا ہوا۔ سینہ چھدا ہوا، آنکھیں اپنے معبود کے آگے جھکی ہوئیں۔

اب تو میرا دل لرزنے لگا۔ مجھ کو ایک جمائی آئی اور بائیں حصۂ جسم میں رعشہ کا سارا اثر محسوس ہوا میں نے اس سے کہا کیا تم نے دیکھا میرا بایاں ہاتھ اور پاؤں کچھ کانپتا ہے۔ فالج تو نہیں ہے اس نے ہنس کر جواب دیا۔ جی نہیں وہم ہے! اور بالفرض فالج ہو بھی تو کیا ڈر ہے۔ ہم تو خدا رسول کی باتیں کر رہے ہیں۔ اس میں جو تکلیف ہو۔ ثواب میں لکھی جاتی ہے۔

یہ سن کر مجھ کو تاب نہ رہی اس کی دیدہ دلیری اور بے ہراسی پر غصہ بھی آیا اور ترس بھی کہ یہ لوگ کس قدر کمزور عقیدہ رکھتے ہیں۔ اور زندگی جیسی پیاری چیز کی خاک قدر نہیں جانتے اور میں نے اس کو ترشی سے یہ گفتگو بند کرنے کا حکم دیا۔

خیر ہو گئی۔ کہ ڈیر فادر ہملٹن ادھر آ نکلے۔ اور میں ان کے ہمراہ اٹھ کر چلا آیا۔ تاہم جہادی شہید کا کفن رات بھر سر پر سوار رہا۔ اسی واسطے آج آٹھ بجے کے بدلے دس بجے بیدار ہوا ہوں۔

٭٭٭

جگر کے ٹکڑے

ا۔ کاغذ کی گرانی۔ ہندوستان میں جتنے کارخانے کاغذ بنانے کے ہیں۔ وہ رات دن بچاری کلوں کو چلاتے ہیں۔ پل بھر کا آرام نہیں لینے دیتے۔ گھاس اور گودڑ ڈھونڈتے پھرتے ہیں۔ جن سے کاغذ بنایا جاتا ہے۔ اس پر بھی پوری نہیں پڑتی۔ کاغذ کا بھاؤ دن بدن گھڑی بہ گھڑی۔ منٹ بہ منٹ۔ سکنڈ بہ سکنڈ بڑھتا چلا جاتا ہے۔ غریب اخبار والے رسالے والے اور سب کاغذ چھاپ کر قومی، ملکی، اور شکمی خدمت کرنے والے حواس باختہ ہیں۔ بٹوے سے روپے نوٹ نکال نکال کر دے رہے ہیں۔ اور کاغذی بس نہیں کرتے۔ کہتے ہیں اور لاؤ۔ کوئی کہے لالہ صاحب میاں جی کے دل پر ہاتھ رکھ کر تو دیکھو۔ وہ کمبخت دھڑک رہا ہے۔ اور کاغذ کی گرانی سے سہا جاتا ہے۔ کاغذ کا بھاؤ یہی رہا۔ یعنی اس کی تیزی بڑھتی رہی تو اخباروں اور رسالوں کا چھاپنا دوبھر ہو جائے گا۔ اور ضرورت جو ایجاد کی ماں کہلاتی ہے۔ حسب ذیل ایجادیں کرائے گی۔

ہر دفتر اخبار کا ایک ایجنٹ ہر شہر میں مقرر ہو گا۔ جس کو خبریں اور مضامین خط میں لکھ کر بھیج دیئے جائیں گے۔ وہ سب خریداروں کے پاس جا جا کر مضامین اور

خبریں سنادیا کرے گا۔

کپڑے پر اخبار چھپیں گے۔

کونسلوں میں آنزبل ممبر سوال کر کے گورنمنٹ سے یہ حق حاصل کریں گے۔ کہ گاؤں کے چوکیدار۔ پٹواری، پوسٹ ماسٹر، اسکول ماسٹر، ڈاکٹر حکیم، وید، امام، پیر روزانہ ڈپٹی کمشنر بہادر کے ہاں حاضر ہوں۔ اور ان سے تازہ خبریں اور مضامین حاصل کر کے پبلک کو سنائیں اور جس قدر اخبارات اور رسالہ ہیں ان کے مالکوں کو جنگ کے کریٹ سے راشن مل جایا کرے۔

دواؤں کی گرانی۔ ولایت کی بعض دوائیں اس قدر گراں ہو گئی ہیں جس کے سننے سے بخار چڑھ آئے۔ ایک روپیہ قیمت کے عوض بعض دوائیں چالیس روپے تک پہنچ گئی ہیں۔

ولایت پر حصر نہیں، ہندوستان کی یونانی ویدک ادویات کا بھی یہی عالم ہے۔ مشہور دواخانہ ہندوستانی دہلی نے بھی سوائی ڈیوڑھی اور بعض دواؤں کی دوگنی تگنی قیمت کر دی ہے ایسی حالت میں سوائے اس کے کچھ چارہ نہیں کہ ملک کے نامور حکیم وید ڈاکٹر جمع ہو کر علم مسیریزم سیکھ لیں اور اس کے ذریعے امراض کا علاج کریں یا وحشیانہ معالجات کا رواج جاری کیا جائے۔ اور وہ داغ ناخون نکلنا ہے۔ کیونکہ ہر زمانہ میں تہذیب و وحشت کا اسی طرح سے مقابلہ ہوتا آیا ہے۔ کبھی تہذیب کا غلبہ ہوتا ہے۔ کبھی وحشت کا۔

۳۔ کپڑے کی گرانی۔ روئی کت رہی ہے۔ سوت بنا جا رہا ہے۔ کلف تھانوں سے گلے مل رہی ہے۔ اس پر بھی غل ہے کہ کپڑے کا بھاؤ چڑھتا جاتا ہے۔ غریب لوگ ایسا مہنگا لباس نہیں خرید سکتے۔

کیا مضائقہ ہے آدمی برہنہ پیدا ہوتا ہے جس سے معلوم ہوا کہ فطرتی اور نیچرل لباس برہنگی ہے۔ نیچر انسان کو ہمیشہ اصلیت کی طرف لاتی ہے۔ پس رفتہ رفتہ وہ مجبور ہو جائے گا۔ اور اپنے مصنوعی لباسوں کو جو باعث تکلیف ہیں خیر باد کہہ دے گا۔ یہ حالت اسی وقت کا پیش خیمہ ہے۔

۴۔ ایمان کی گرانی۔ ہندوستان والے ہندوستان والوں پر ڈاکے ڈالتے ہیں۔ اور کہتے ہیں کہ ہم ملک کی خدمت کے واسطے روپیہ جمع کرتے ہیں۔ مگر اس اقتصادی مسئلہ پر غور نہیں کرتے کہ امن میں ایمان ارزاں ہوتا ہے۔ اور بے امنی میں گراں۔ انہوں نے جنس ایمان کو فساد مچا کر مہنگا کر دیا ہے۔ ایمان ہی ہاتھ نہ آیا تو ملک کی ترقی کس کام آئے گی۔

مذاہب نے غدر، فساد، ڈاکہ زنی کو بہت معیوب قرار دیا ہے۔ جو لوگ ایسا کرتے ہیں اپنے دین دھرم کی جڑ کاٹتے ہیں۔ یہ کھیتی نہ رہی تو ایمان اور بھی مہنگا ہو جائے گا۔

۵۔ خوشی کی گرانی۔ ساری زندگی کی بنیاد اطمینان اور خوشی پر ہے۔ آج کل یہ ساری دنیا میں گراں پائی جاتی ہے۔ سونے کی گنی پر چند آنے بڑھ گئے ہیں۔ اور خوشی

کی نیند پر کروڑوں اشرفیوں کا اضافہ ہو گیا۔

بچے ہر قوم کے ہمیشہ خوش رہتے ہیں۔ اور کسی غم کو پاس نہیں آنے دیتے مگر اس وقت نے لاکھوں بچوں کی خوشی بھی چھین لی۔ لڑائی میں ان کے باپ مارے گئے۔ تب بھی وقت نے ان کو خوشی نہ دی۔ یعنی ان کو امن نہ اور مسافری کے جہازوں میں گولے مار مار کر ان بچوں کو ڈبو دیا۔

یہ وقت چھوٹی قیامت ہے جہاں ماں باپ بچوں کو اور بچے ماں باپ کو اپنے غم میں بھول گئے ہیں۔

۶۔ غم کی ارزانی۔ غم بہت سستا ہو گیا۔ محرم آنے سے پہلے اس کو خرید کر گھروں میں بھر لینا چاہیے۔

عاشق مزاج تلاش غم میں سرگرداں پھرتے تھے۔ آج بازار بھر میں یہ جنس اتنی ارزاں ہے۔ جس کی کچھ حد نہیں۔ کوئی ان کو خبر دے دے۔

غم اور فکر سنگدل آدمیوں کا قدرتی علاج ہے۔ بڑے بڑے سرکش فرعون غم دہر کے آگے سرنگوں ہو جاتے ہیں۔ آج کل غم اتنا سستا ہے کہ شاید دنیا سے کبر و نخوت دور ہونے کا وقت آیا ہے۔

۷۔ بے حیائی کی ارزانی۔ ہر چیز کی گرانی نے حیا فروش فرقہ کی ارزانی کر دی ہے۔ یہ خطرناک ارزانی ہے۔ حکومت، سوسائٹی، اہل شریعت کو اس طرف جلدی متوجہ ہونا چاہیے ورنہ ارزانی پرست ہندوستان اس ڈاکو جماعت کے جال میں کثرت

سے پھنس جائے گا۔

۸۔ مکر و دغا کی ارزانی۔ ایمان کی گرانی کا نتیجہ یہ نکلا کہ ہندوستان میں مکر و دغا کا مول گھٹ گیا۔ مکاری کو پالیسی اور عقلمندی کہتے ہیں۔ اور ادنیٰ درجے والے بھی جو ہمیشہ کھرے ہوا کرتے تھے قریبی منافق بنتے جاتے ہیں۔ اس پر طرہ یہ کہ اس کو جائز اور شان ہوشمندی سمجھتے ہیں۔ یہ ادنی اصلاح اور روک تھام کے قابل ہے ایسا نہ ہو تو مرض بے دوا اور لا علاج ہو جائے گا۔

* * *

کم ان

ویل کم، ہیلو ہیلو، مائی ڈیئر ۱۶ اء۔ اندر آیئے۔ کیک چکھیئے۔ کم مٹھاس کی چائے پیجیئے۔ انگیٹھی گرم ہے ہاتھ سینکئے۔ ناک کو تو سردی نہیں لگتی۔ خنکی معلوم ہو تو اس کو بھی گرما لیجئے مگر ہاں آپ کے ناک ہے بھی یا نہیں، ۱۵ اء کے تو نہ تھی۔ ایل جرمنی نے وعدہ خلافیاں۔ عہد شکنیاں کر کے بے چارے کی ناک کاٹ لی تھی۔

بھائی میرے گھر میں بریک فاسٹ کا تو کوئی سامان نہیں ہے۔ تیرہ تیزی کی گھونگنیاں کھا کھا کر دن کاٹتا ہوں۔ تمہارے لیے ایک خانساماں سے کیک کا ایک ٹکڑا اور ٹھنڈی پھیکی چائے کی ایک پیالی مانگ لایا تھا۔ "چہ کند بے نوا ہمیں دارد" صبر کر کے اسی کو نوش کر لو۔ زیادہ حرص ہو تو میدان جنگ میں جاؤ وہاں سب کچھ ملے گا۔

ذرا سننا خدا نے کہا تھا میں خود زمانہ اور وقت ہوں۔ کیا تم بھی خدا ہو۔ کیونکہ تم بھی ٹائم اور وقت ہو۔ مگر خدا تو بدلا نہیں کرتا اور تم بارہ مہینہ میں بدل جاتے ہو۔ لہٰذا معلوم ہوا کہ تم خدا نہیں ہو۔ پس جب تم خدا نہیں ہو۔ تو لاؤ میرا کیک پھیر دو۔ اور چائے کی پیالی بھی واپس دو۔

ہاں یاد آیا میں تم مشرقی ہو اور مشرق والے دے کر واپس نہیں لیا کرتے۔

اچھا خیر کھالو۔ نگل لو۔ تھوڑ لو۔ تمہیں کس نے بلایا تھا۔ مان نہ مان میں تیرا مہمان آؤ بھگت کرتا وا اپنے محرم کی کرتا جو میرا لاڈلا ہے۔ ہجری سنہ کا پہلا پیغام لے کر آتا ہے۔ تم سے مجھے کیا غرض تم کو پادری صاحب کے یہاں جانا چاہیئے تھا۔

لاحول ولا قوۃ۔ معاف کیجئے گا۔ جناب بھوک و مفلسی میں انسان کی عقل قابو میں نہیں رہتی۔ آپ ہمارے بادشاہ کی نشانی ہیں۔ ہر دفتر میں آپ ہی کا سکہ چلتا ہے۔ ہماری قوم تو آپ سے اس قدر محبت رکھتی ہے کہ ہر شخص دیوار پر آنکھوں کے سامنے آپ ہی کو لٹکاتا ہے۔

جنوری کی قسم میں تمہارا تابعدار ہوں۔ وفا شعار خادم ہوں۔ تمہارا کیا کہنا۔ بڑے اچھے ہو۔ کیسے گرم گرم کوٹ لاتے ہو، تمہارے آنے کی خبر سن کر ایک مہینہ پہلے خیرات بانٹنے والے مجھ کو لحاف بنوا دیتے ہیں۔ اور لحاف کے اندر مجھ کو ایسا آرام ملتا ہے۔ جیسا کچھوا اپنی خول میں۔

میری عادت خوشامد کرنے کی نہیں ہے پر آج تو میں تمہاری خوشامد کروں گا۔ اور کہو تو تمہارے بوٹ بھی صاف کرنے میں عذر نہ ہو گا۔ لیکن یہ وعدہ کرلو کہ تم ۱۵ء اور ۱۴ء کی خونریزی کو بند کرادو گے۔

میاں مجھے اس لڑائی سے تو کچھ تکلیف نہیں۔ دنیا میں کچھ بھی ہوا کرے۔ مجھے اس سے کیا غرض۔ البتہ یہ بے آرامی ہے کہ سوئیاں اور رنگ بہت مہنگا ہو گیا ہے۔ جانتے ہو کہ میں دمڑی دھیلہ کا آدمی ہوں۔ سوئیاں سستی تھیں تو اپنی گدڑی میں

آسانی سے پیوند لگالیتا تھا۔ اور آدھی کا رنگ لا کر اس کو رنگ لیتا تھا۔ اب یہ دونوں اس قدر گراں ہیں کہ میں نہ سوئیاں خرید سکتا ہوں نہ رنگ یونہی میلا کچلا چھتڑے لگائے پھرتا ہوں۔

اگر تم لڑائی بند نہ کراؤ۔ تو یہ دونوں چیزیں تو سستی کرادو۔ بس میں تو فقط اتنا چاہتا ہوں۔ مجھے نہ خطاب چاہئے۔ نہ کونسل کی ممبری۔ میں تو روکھی روٹی پیٹ بھر کر۔ اور کنویں کا پانی اور تن کا موٹا جھوٹا کپڑا، چاہتا ہوں۔

کنویں کا پانی اس واسطے درکار ہے۔ کہ نل کا پانی لوہے کے منہ سے آتا ہے۔ اور لوہا آج کل توپ میں، بندوق میں، گولے میں، گولیوں میں، آدمی کا خون بہاتا ہے اور میں خون خرابے سے ڈرتا ہوں۔ اندیشہ ہے کہ لوہے کا پانی پی کر کہیں مجھ میں فتنہ وفساد کا اثر نہ آجائے۔

* * *

مس چڑیا کی کہانی

ایک چڑے چڑیا نے نئی روشنی کی ایک اونچی کوٹھی میں اپنا گھونسلا بنایا تھا اس کوٹھی میں ایک مسلمان رہتے تھے جو ولایت سے بیرسٹری پاس کر کے اور ایک میم کو ساتھ لے کر آئے تھے۔ ان کی بیرسٹری کچھ چلتی نہ تھی۔ مگر گھر کے امیر زمیندار تھے گزارہ خوبی سے ہوا جاتا تھا۔ ولایت سے آنے کے بعد خدا نے ان کو ایک لڑکی بھی عنایت کی تھی جو ماشاء اللہ لمبی پھرتی تھی اور باپ کی طرف سے مسلمان اور ماں کی طرف سے مس بابا تھی۔

چڑے چڑیا نے کھپڑیل کے اندر ایک سوراخ میں گھر بنایا۔ تنکوں اور سوت کا فرش بچھایا۔ یہ سوت پڑوس کی ایک بڑھیا کے گھر سے چڑیا لائی تھی۔ وہ بیچاری چرخا کاتا کرتی تھی۔ الجھا ہوا سوت پھینک دیتی، تو چڑیا اٹھا لاتی اور اپنے گھر میں اس کو بچھا دیتی۔

خدا کی قدرت ایک دن انڈا پھسل کر گر پڑا۔ اور ٹوٹ گیا۔ ایک ہی باقی رہا۔ چڑے چڑیا کو اس انڈے کا بڑا صدمہ ہوا۔ جس دن انڈا گرا ہے تو چڑیا گھونسلے میں تھی۔ چڑا باہر دانہ چگنے گیا ہوا تھا۔ وہ گھر میں آیا تو چڑیا کو چپ چپ اور مغموم دیکھ کر

سمجھا میرے دیر میں آنے کے سبب خفا ہو گئی ہے۔

لگا پھدک پھدک کر چوں چوں۔ چیں، چڑچوں، چڑچوں، چیں چڑچوں، چوں، چڑچوں چڑچوں۔ چوں، کرنے کبھی چونچ مار کر گدگدی کرتا۔ کبھی خود اپنے پروں کو پھیلاتا مٹکتا۔ ناچتا اور چڑیا کی چونچ پر اپنی چونچ محبت سے رکھتا۔ مگر چڑیا اسی طرح پھولی اپھری خاموش بیٹھی رہی۔ اس نے مرد ذات کی خوشامد کا کچھ بھی جواب نہ دیا۔ چڑا سمجھا بہت ہی خفگی ہے۔ مزاج حد سے زیادہ بگڑ گیا ہے۔ خوشامد سے کام نہ چلے گا۔ مجھ مرد کی کتنی بڑی توہین ہے کہ اتنی دیر خوشامد درآمد کی۔ بیگم صاحبہ نے آنکھ اٹھا کر نہ دیکھا یہ خیال کر کے چڑا بھی منہ پھیر کر بیٹھ گیا۔ اور چڑیا سے بے رخ ہو کر نیچے بیرسٹر صاحب کو جھانکنے لگا۔ جو اپنی لیڈی کے سامنے آرام کرسی پر لیٹے تھے۔ اور ہنسی مذاق کر رہے تھے۔ چڑے نے خیال کیا یہ آدمی کیسے خوش نصیب ہیں۔ دونوں کا جوڑا خوش و بشاش زندگی کاٹ رہا ہے۔ ایک میں بدنصیب ہوں۔ سویرے کا گیا۔ گیا دانہ چگ کر اب گھر میں گھسا ہوں۔ مگر چڑیا صاحبہ کا مزاج ٹھکانے میں نہیں ہے۔ کاش میں چڑا نہ ہوتا اور کم سے کم آدمی بنایا جاتا۔

چڑا اسی ادھیڑ بن میں تھا کہ چڑیا نے غمناک آواز نکالی۔ چوں۔ چڑے نے جلدی سے مڑ کر چڑیا کو دیکھا اور کہا چوں چوں چڑچوں چوں۔ کیا ہے۔ آج تم ایسی چپ کیوں ہو۔ چڑیا بولی انڈا گر کے ٹوٹ گیا۔

انڈے کی خبر سے پہلے تو چڑے کو ذرا رنج ہوا۔ مگر اس نے صدمہ کو دبا کر کہا۔

تم کہاں چلی گئیں تھیں۔ انڈا کیونکر گر پڑا۔ چڑیا نے کہا میں اڑ کر ذرا چمن کی ہوا کھانے چلی تھی جھپٹہ کے صدمہ سے انڈا پھسل گیا۔ یہ بیان سن کر چڑا آپے سے باہر ہو گیا۔ اس کے مردانہ جوش میں طوفان اٹھ کھڑا ہوا۔ اور اس نے کڑک دار گرجتی ہوئی چوں چوں میں کہا۔ پھوہڑ، بد سلیقہ، بے تمیز تو کیوں اڑی تھی۔ تجھ کو چمن کی ہوا کے بغیر کیا ہوا جاتا تھا۔ کیا تو بھی اس گوری عورت کی خصلت سیکھتی ہے جو گھر کا کام نوکروں پر چھوڑ کر ہوا خوری کرتی پھرتی ہے۔ تو ایک چڑیا ہے۔ تیرا کوئی حق نہیں ہے کہ بغیر میری مرضی کے باہر نکلے۔ تجھ کو میرے ساتھ اڑنے اور ہوا خوری کرنے کا حق ہے۔ آج کل تو انڈوں کی نوکر تھی۔ تجھے یہاں سے ہٹنے کا اختیار نہ تھا۔ تو نے میرے ایک انڈے کا نقصان کر کے اتنا بڑا قصور کیا ہے کہ اس کا بدلہ کچھ نہیں ہو سکتا۔ تو نے میرے بچے کو جان بوجھ کر مار ڈالا۔ تو نے خدا کی امانت کی قدر نہ کی جو اس نے ہم کو نسل بڑھانے کی خاطر دی تھی۔ میں تو پہلے دن منع کرتا تھا کہ اری کمبخت اس کوٹھی میں گھونسلہ نہ بنا۔ ایسا نہ ہو ان لوگوں کا اثر ہم پر بھی پڑ جائے۔ ہم بیچارے پرانے زمانے کے دیسی چڑے ہیں۔ خدا ہم کو نئے زمانے کے چڑیا چڑے سے بھی بچائے رکھے۔ کیونکہ پھر گھر کے رہتے ہیں نہ گھاٹ کے۔ مگر تو نہ مانی۔ اور کوٹھی میں رہوں گی۔ کوٹھی میں گھر بناؤں گی۔ یہ کہہ کر میرا ناک میں دم کر دیا۔ اب لا میرا بچہ لا۔ میں تجھ سے لوں گا۔ نہیں تو تمہارے ٹھونگوں کے کچلا بنا دوں گا۔ بڑی صاحب نکلیں تھیں ہوا کھانے اب بتاؤں تجھ کو ہوا کھانے کا مزہ۔

چڑیا پہلے تو اپنے غم میں چپ چاپ چڑے کی باتیں سنتی رہی۔ لیکن جب چڑا حد سے بڑھا۔ تو اس نے زبان کھولی اور کہا.........۔

بس۔ بس۔ سن لیا۔ بگڑ چکے، زبان کو روکو۔ انڈے بچے پالنے کا مجھی پر ٹھیکہ نہیں ہے تم بھی برابر کے شریک ہو۔ سویرے کے گئے گئے یہ وقت آ گیا۔ خبر نہیں اپنی کس سگی کے ساتھ گلچھرے اڑاتے پھرتے ہوں گے۔ دوپہر میں گھر کے اندر گھسے ہیں اور آئے تو مزاج دکھانے آئے۔ انڈا گر پڑا۔ مرے پنجہ کی نوک سے میں کیا کروں۔ میں کیا انڈوں کی خاطر اپنی جوان جمان جان کو گھن لگالوں۔ دو گھڑی باہر کی ہوا بھی نہ کھاؤں۔ صبح سے یہ وقت آیا۔ ایک دانہ حلق سے نیچے نہیں گیا۔ تم نے پھوٹے منہ سے یہ نہ پوچھا کہ تو نے کچھ تھوڑا کچھ نگلا۔ یا مزاج ہی دکھانا آتا ہے۔ اب وہ زمانہ نہیں ہے۔ کہ اکیلی چڑیا پہ سب بوجھ تھا۔ اب آزادی اور برابری کا وقت ہے۔ آدھا کام تم کرو آدھا میں کروں۔ دیکھتے نہیں میم صاحبہ کو وہ تو کچھ بھی کام نہیں کرتیں۔ صاحب کو سارا کام کرنا پڑتا ہے۔ اور بچہ کو آیا کھلاتی ہے۔ تم نے ایک آیا رکھی ہوتی میں تمہارے انڈے بچوں کی آیا نہیں ہوں۔

چڑیا کی اس تقریر سے چڑا سُن ہو گیا اور کچھ جواب نہ بن پڑا۔

بے چارہ غصہ کو پی کر پھر خوشامد کرنے لگا۔ اور اس دن سے چڑیا کے ساتھ آدھی خدمت انڈے کی بانٹ کر اس نے اپنے ذمہ لے لی۔

٭٭٭

مس چڑیا کی پیدائش

ایک انڈا تو ٹوٹ چکا تھا۔ دوسرے انڈے سے ایک بچہ نکلا جو مادہ یعنی چڑیا تھی۔ جب یہ بچہ ذرا بڑا ہوا۔ اور اس نے میم صاحبہ کے بچہ کو دیکھا۔ کہ وہ کاٹھ کے گھوڑے پر سوار ہوتا ہے۔ گھڑی گھڑی دودھ پیتا ہے۔ ٹب میں بیٹھ کر نہاتا ہے۔ نئے نئے خوبصورت کپڑے پہنتا ہے تو اس چڑیازادی نے بھی باپ سے کہا:

چیں۔ چیں۔ ابا مجھ کو بھی گھوڑا منگا دو۔ ابا میں بھی ٹب میں نہاؤں گی۔ ابا مجھ کو بھی ایسے رنگ برنگ کے کپڑے لا کر دو۔ چڑے نے چڑیا سے کہا لے سُن۔ دیکھا مزہ کوٹھی میں گھر بنانے کا۔ اب لا۔ اپنی لاڈلی کے واسطے گھوڑا لا۔ ٹب منگا۔ کپڑے بنا۔

چڑیا نے کہا۔ دیکھو پھر وہی لڑائی کی باتیں نکالیں۔ ایک کی تو تمہاری اس "کل کل سے جان گئی۔ یہ نگوڑی بچی ہے۔ تم اس کو بھی نہیں دیکھ سکتے۔ بچہ ہے۔ کہنے دو۔ یہ کیا جانے ہم غریب ہیں اور یہ چیزیں نہیں لا سکتے۔ بڑی ہو گی تو آپ سمجھ لے گی۔ کہ چڑیوں کو آدمیوں کی ڈریس سے کیا سروکار۔ مس چڑیا نے ماں کی بات سن کر کہا۔ واہ بی اماں واہ۔ تم غریب تھیں تم چڑیا تھیں۔ تو اس امیر کی کوٹھی میں آکر کیوں رہی

تھیں۔ گاؤں کے چھپر میں گھر بنایا ہوتا۔ میں تو ہرگز نہ مانوں گی۔ اور میم صاحب کے بچہ کی سی سب چیزیں منگا کر رہوں گی۔ نہ لاؤ گی تو لو میں گرتی ہوں اور مرتی ہوں۔ پاپ کاٹے دیتی ہوں۔ نہ زندہ رہوں گی نہ تم پر میر ابوجھ ہوگا۔

چڑے چڑیا نے گھبرا کر کہا۔ ہے ہے۔ ایسا غضب نہ کیجیو۔ اچھا اچھا ہم سب کچھ منگا دیں گے۔ یہ کہہ کر اور مس چڑیا کو دلاسا دے کر دونوں نے چونچ سے چونچ ملائی۔ اور پھوٹ پھوٹ کر رونا شروع کیا۔ روتے تھے اور یہ کہتے تھے۔ ہائے اچھوں کی صحبت اچھا بناتی ہے اور بروں کی صحبت برا کر دیتی ہے۔ یہ بیرسٹر صاحب اچھے سہی مگر ان کی صحبت سے ہمارا تو ستیا ناس ہو گیا۔ ہائے ہماری لاڈلی ہاتھوں سے نکل گئی۔ ہائے یہاں تو اور کوئی چڑیا بھی نہیں جو ہمارے دکھ میں شریک ہو۔ چڑے سے چڑیا روتے تھے۔ اور مس چڑیا قہقہہ لگاتی تھی۔ کہ نئے زمانہ کی اولاد ایسی ہی ہوتی ہے۔

٭ ٭ ٭

تن کا سمندر

آج صبح جو میں نہانے کے لئے اندر گیا تو کیا دیکھتا ہوں۔ کہ ایک سبز رنگ کا ٹڈا ٹب میں تیر رہا ہے۔ کہتا ہو گا میں سمندر میں غوطے کھا کھا کر اے جان تیری یاد کرتا ہوں۔ غارت کرے خدا تجھ کو اور تیری جان جاناں کو میرے پانی کو گھناؤنا کر دیا۔

دیکھو تو لمبے لمبے پاؤں پھیلائے ڈبکیاں کھاتا ہے دم توڑتا ہے مگر روشنی کی الفت کا دامن نہیں چھوڑتا۔

اس فطرت کو خدا کی سنوار اس کے ہاتھ میں کیا آتا ہے۔ برسات میں اس کثرت سے کیڑے کیوں پیدا کرتی ہے اور ان کو عشق میں کیوں مبتلا کرتی ہے۔ اس کو کسی بشر کا بھی خیال ہے یا نہیں جو اشرف المخلوقات ہے، جو رات کے چپ چاپ وقت کو اور فرصت و اطمینان کی گھڑیوں کو ان کمبخت کیڑوں کی بدولت مفت رائگاں کرتا ہے۔

اب صبح ہو گئی تب بھی چین نہیں۔ اور نہیں تو نہانے کے پانی میں اپنے جسم کا جہاز دوڑا رہا ہوں۔ یہ ساری کارستانیاں نیچر (فطرت) کی ہیں۔

آج سے مجھے کوئی مصور فطرت نہ کہنا۔ میں ایک آمادہندہ فطرت کی تصویر کشی سے ہاتھ اٹھاتا ہوں۔ میرا اس نے ناک میں دم کر دیا ہے۔

ٹڈا صاحب ٹب کے سمندر میں جان دے رہے ہیں۔ آرزو یہ ہے کہ مجنوں اور فرہاد کے رجسٹر میں ان کا نام بھی لکھا جائے۔ ڈوب کر مرنے کا صلہ ان کو ہی ملے۔ ہرگز نہیں میں تجھ کو مرنے ہی نہ دوں گا۔ زندہ نکال کر پھینک دوں گا۔ دیکھو کیونکر تیرا نام دفتر عشق میں لکھا جائے گا۔

خیال تو کرو حضرت کی صورت کیا سہانی ہے۔ چکی سا چہرہ۔ بال سی گردن۔ لمبا ناؤ سا بدن اس پر ٹانگیں شیطان کی آنت جانور ہے یا ہوا ہے۔

فطرت صاحب کی عقل کے قربان جایئے کیا بد شکل پرندہ بنایا ہے۔ میں فطرت ہوتا اور عشق باز جانوروں کو پیدا کرتا تو بدن کے ہر حصہ کو سراپا درد سوز بناتا جس کے دیکھتے ہی دکھے ہوئے دل آہ آہ کرنے لگتے، جناب فطرت نے شکل بنائی ایسی اور درد دیا عشق کا کیا وضع الشی علی غیر محل کام کیا ہے۔

افوہ۔ بس اب نہیں بتاتا۔ سقہ آئے تو تازہ پانی بھرواؤں۔ جب نہاؤں گا اور اس عشق باز ٹڈے کی فریاد اردو ادب سے کروں گا۔

☆☆☆

خدا کی خاطر

ہم لوگوں نے ہزار سر مارا کہ اس ان دیکھی خدا کی اسیری سے رہائی ہو۔ مگر خبر نہیں اُس کو کیا جادو آتا ہے اور اس نے انسانوں پر کیا کیا پڑھ کر پھونک دیا ہے کہ ہر آدمی اس کا دم بھرتا ہے اور اس کی خوشی کی خاطر بڑی بڑی بلاؤں کو سر پر لیتا ہے۔

آج کل ہر دوار میں کنبھ کا میلہ ہے۔ سولہ سترہ لاکھ انسانوں کا جماؤ ہے۔ ریلوں میں انسان حیوانوں کی طرح بھرے جاتے ہیں۔ جسم و روح تحلیل کرنے والی تکلیفیں اٹھاتے ہیں مگر خدا کے نام پر دریا میں ایک غوطہ مارنے کی خاطر گھر بار چھوڑ کر چاروں طرف سے اُمڈے چلے آتے ہیں۔

مناسب ہے کہ ایک بین الاقوامی مشترکہ کانفرنس قائم کی جائے جس میں غور ہو کہ خدا کا اثر کم کرنے میں ہم انسان کیا طرز عمل اختیار کریں۔ تاکہ ہمارے ہم جنس اس رات دن کی کس مکش سے نجات پائیں۔

گنگا اور زمزم کے پانی میں آخر کیا بات ہے۔ جو خلقت اس پر پلی پڑتی ہے۔ سوائے اس کے کچھ نہیں کہ خدا نے ان پر کچھ سحر کر دیا ہے۔ اگرچہ جادو ٹونہ بھی

خلاف عقل چیز ہے۔ لیکن بطور سراغ رسانی و تفتیش تھوڑی دیر کے لئے ہم ان کو تسلیم کئے لیتے ہیں، اس کے بعد تمام مُلحدان یورپ کے منتخب آدمیوں کے ذریعے کوئی نہ کوئی بات خدا کو زَک دینے کی نکل ہی آئے گی۔

مگر ڈر ی ہے کہ کہیں وہ جس کو خدا کہتے ہیں ہمارے ہی ہم قوم لوگوں کو ولی پیغمبر، رشی، اوتار کے خطابات دے کر ہمارا مخالف نہ بنا دے۔ کیونکہ خطاب پا کر آدمی برادری کے حقوق سے کچھ بے تعلق ہو جاتا ہے۔

***

عید کی جوتی

جناب اکبر نے فرمایا تھا۔ ڈاسن نے جوتا بنایا۔ میں نے مضمون لکھا۔ میرا مضمون نہ چلا اور جوتا چل گیا۔

اب کوئی ان سے عرض کرے، ولایتی جوتوں کے دام اتنے بڑھ گئے ہیں کہ ان کے چلتے پاؤں بھی لنگڑے ہوئے جاتے ہیں۔

عید پر خلقت جوتے خریدنے جاتی تھی، اور دو جوتیاں لاتی تھی، جوتا مذکر ہے اور جوتی مونث۔ لڑائی نے مرد ختم کر دیئے۔ عورتوں کو بڑھا دیا تو مذکر جوتے کیوں نہ کم ہوتے۔ مونث جوتیوں کو ڈھیر تھا مذکر جوتے ناپید تھے۔

ہائے میری پیاری دلی کی پیاری پیاری نازک اندام وصلی کی جوتی چشم بد دور خدا نے اس کا نصیبہ جگایا۔ بارہ برس پیچھے دن پھرے۔ دلی والوں نے اٹھا کر سر پر رکھا۔

وصلی کی جوتی کی کیا بات ہے در حقیقت جوتی ہے۔ کیسی بھولی بھالی۔ کیسی ہریالی متوالی ولائتی بوٹ کی طرح خراٹ نہیں، یل تل نہیں دیکھنے میں دم دار پہننے میں سکھ دینے والی۔

ولایتی جوتوں کے دام پوچھو گیارہ روپے سے بھی کچھ اوپر۔ اس جھجھماتی کی

قیمت تین چار حد سے حد پانچ چھ، دام کم کام بڑھیا۔ پرانی ہو جائے تو آٹھ دس آنے کو آنکھ بند کر کے بک سکتی ہے۔ مگر یہ بوٹ بگڑے پیچھے کوڑی کام کا نہیں۔

ذرا نام بہی خیال کرنا۔ وصلی ہائے وصلی میں وصال کا اشارہ ہے یعنی وصلی کی جوتی پہنو۔ تو دام کم خرچ ہوں گے اور دام کم خرچ ہوں گے تو مطمئن رہے گا۔ دل کا اطمینان وصال حقیقی ہے ولایتی جوتا موسمی اور فصلی جوتا ہے۔ فصل جدائی کو بھی کہتے ہیں فصلی بخار کا نام بھی ہے۔

صاحب ہم نے تو اس شعر کو دل دیا ہے

تو برائے وصل کردن آمدی

نے برائے فصل کردن آمدی

لہٰذا عید پر جوتی بھی وہ لی۔ جس کے نام میں وصل تھا۔ فصل سے دور ہی رہے۔ گو گھر میں دو ایک فصلی بھی پڑے رہتے ہیں۔ مگر گفتگو تو جفت عید میں تھی۔

***

گلہری

گلہری ایک موذی جانور ہے۔ چوہے کی صورت چوہے کی سیرت۔ وہ بھی ایذا دہندہ یہ بھی ستانے والی۔ چوہا بھورے رنگ کا خاکی لباس رکھتا ہے، فوجی وردی پہنتا ہے۔

گلہری کا رنگ چولھے کی سی راکھ کا ہوتا ہے۔ پیٹھ پر چار لکیریں ہیں۔ جس کو لوگ کہتے ہیں کہ حضرت بی بی فاطمہ رضی اللہ عنہا کا پنجہ ہے۔ گلہری کی دم چوہے کے برخلاف ہے، چوہے کی دم پر بال نہیں ہوتے اس کی دم گپھے دار ہے۔ گلہری کا سر چپٹا ہوتا ہے، چوہے اور اس کے سر میں تھوڑا ہی فرق ہے۔ گویا دونوں کا دماغ یکساں بنایا گیا ہے۔ چوہا بھی آدمیوں کی چیزیں خراب کرنے کی تجویزیں مغز سے اتارتا ہے اور گلہری بھی۔

چوہا منہ سے کھاتا ہے اور اگلے ہاتھوں سے نوالہ اٹھا کر اسے کترتا ہے مگر گلہری کی طرح ہمیشہ نہیں کبھی کبھی اور گلہری تو ہمیشہ اوکڑوں بیٹھ جاتی ہے۔ ہاتھوں میں کھانے کی چیز لیتی ہے۔ دم ہلاتی جاتی ہے۔ تھرکتی ہے۔ پھدکتی ہے اور کتر کتر کر کھانا کھاتی ہے۔

چوہا بے چار اپلوں میں بوریوں میں میلے کچیلے سوراخوں میں گھر بناتا ہے۔ گلہری بڑی تمیز دار ہے۔ یہ اکثر مکانوں کی چھتوں میں گھونسلا بناتی ہے۔ جس گھر میں ان جناب کا جی چاہا بے پوچھے گچھے جا پہنچتی ہیں اور رضائی توشک لحاف یا جو روئی دار چیز سامنے آئی اس کو کتر ڈالتی ہیں۔ اس میں سے روئی نکالتی ہیں اور اپنے گھر میں اس کے گدّے بنا کر بچھاتی ہیں۔ اور پھر نرم نرم بستر پر بچے دیتی ہیں۔

رات بھر گھر کی مالک ہیں۔ صبح ہوئی اور یہ چل چل۔ چلل چلل، چل چل، چل، چلل چلل، چلل چلل، چلل چلل کہتی اپنی بولی میں خدا کی عبادت کرتی یا آدمی کو گالیاں دیتی ہوئی باہر نکل جاتی ہیں۔ سارا دن ہے اور ان کا پیٹ ہے۔ جنگل پہنچتی ہیں۔ پھل دار درختوں پر چڑھ جاتی ہیں اور خوب کھاتی پیتی ہیں۔ سڑکوں پر دوڑتی پھرتی ہیں۔ جہاں ذرا سا کھٹکا ہوا اور انھوں نے دونوں ہاتھ اونچے اٹھا کر جن کے پنجے جھکے ہوتے ہیں اور پیروں کے بل کھڑے ہو کر ادھر ادھر گھبرا کر دیکھا۔ چل چل کی دم کو ہلایا۔ کیونکہ ان کی دم ہر پل کے ساتھ تھرکتی ہے۔ کوڑے کی طرح تڑپ کر بل کھاتی ہے۔ اور بھاگ گئیں۔ گلہری کے بچے بھی چوہے کی طرح لال گوشت کی بوٹی ہوتے ہیں۔ ان پر بال نہیں ہوتے۔ آنکھیں بند ہوتی ہیں۔ کچھ دن بعد بال نکلتے ہیں۔ آنکھیں کھلتی ہیں اور دنیا میں غریب آدمی کے دوستانے والے اور بڑھ جاتے ہیں۔

میں نے اوپر کہا آل گلہری۔ عربی ال کو میں نے انگریزی دی کی طرح اس

موذن سے الگ رکھا ہے۔ ملا دیتا تو گلہری کے کاٹنے کا ڈر تھا۔ بڑی شریر ہے، بڑی فتنی ہے۔ میری بادشاہی ہو تو سب سے پہلے گلہریوں کا قتل عام کراؤں۔ اور اس کے زن بچے کو لھو میں پلوادوں۔

میری خوبصورت چھت گیری میں جگہ جگہ بھمباقے لگا دیئے ہیں۔ لکڑی لے کر مارتا ہوں تو کیا مجال باہر نکل جائے۔ چھت گیری کے اندر دوڑتی پھرتی ہے۔ میں دوڑتا دوڑتا ہانپ جاتا ہوں پسینہ سارے کپڑوں کو تر کر دیتا ہے۔ مگر یہ بے غیرت اچھلتی پھرتی ہے۔ اِدھر سے اُدھر اُدھر سے ادھر۔

کونسل میں سوال

میرا ارادہ ہے کہ کسی آنریبل ممبر کونسل کو لکھوں کہ اب کے ال گلہری کی باب بھی ایک سوال کریں۔ جس کے الفاظ یہ ہوں۔

کیا گورنمنٹ کے علم میں یہ امر موجود ہے کہ ہندوستان کی نہایت وفادار رعایا کو ایک موذی جانور گلہری نے بہت ستا رکھا ہے۔

گورنمنٹ کی وہ مساعی جمیلہ کونسل کو یاد ہیں جو عرصہ دراز سے چوہوں کے خلاف استعمال کی جاتی ہیں۔ یعنی ان کو پکڑ کر ہلاک کر دینے کا پورا بندوبست کر دیا گیا ہے۔

لہٰذا میں نہایت ادب سے یہ مسودہ پیش کرنا چاہتا ہوں کہ ال گلہری کے مسئلہ پر بھی توجہ کی جائے۔ اس جانور میں بھی پسو ہوتے ہیں۔ یہ بھی بیماریوں کی چھوت کو

باہر سے گھروں میں لاتی ہے۔ یہ بہت خطرناک معاملہ ہے۔ گورنمنٹ میونسپل کمیٹیوں کو ہدایت کرے۔ کہ آئندہ گلہریاں ہر جگہ پکڑی جائیں اور ہلاک کی جائیں۔

مفتیان ہند سے استفسار

کیا فرماتے ہیں مفتیان دین بیچ اس مسئلہ کے کہ ایک گھریلو غیر پالتو جانور جس کو گلہری اور اس وقت ال گلہری بھی کہتے ہیں۔ متبرک و مقدس کتابوں کو کاٹ ڈالتا ہے اور صریحاً کتب مقدسہ کی توہین کرتا ہے۔ آیا ایسے بد ذات حیوان پر جو پرندہ ہے اپنے دوڑنے اور بھاگنے اور دیواروں چھتوں پر پھرتی سے چڑھ جانے کے سبب اور درندہ ہے اپنے نوک دار دانتوں کے ناجائز استعمال کرنے میں موذی کا اطلاق عائد ہوتا ہے۔ یا نہیں او قتل الموذی قبل الایذا کا حکم اس پر صادق آتا ہے یا نہیں۔ بینوا توجروا

اے ال گلہری مجھے افسوس ہے کہ تیرا نام اس مضمون کے لکھنے سے اردو ادب میں شامل ہو گیا۔ میں نہ چاہتا تھا کہ تیرا ذکر ایک شیریں راحت جان زبان میں آئے۔ مگر کیا کروں جیسا تو نے مجھ کو ستا کر بے بس کیا ہے۔ ایسا ہی تیرا تذکرہ جبراً میرے قلم کے منہ میں آیا۔ اور چل چل کرتا نکل گیا۔

***

خدا پرستی کا نسخہ

ڈاکٹروں نے ایجاد کیا۔ گرمی گرمی کو مارتی ہے۔ زہر زہر اُتارتا ہے۔ سنا نہیں چیچک و طاعون کے ٹیکے انہی بیماریوں کے زہر سے بنائے جاتے ہیں۔ پھر یہ خدا پرست لوگ نیا علاج کیوں نہیں کرتے۔ میں عیسائیوں آریوں اور مسلمانوں کو اپنی ایجادِ جدید سے آگاہ کرنا چاہتا ہوں تاکہ وہ لوگوں کو خدا پرستی کی تندرستی اور روح کی درستی عطا کریں۔ اور خدا کی بھول سے بندوں کو بچائیں۔ جو عافیت شکن مرض ہے۔

قرآن میں خدا نے فرمایا ہے، جب بندہ پر مصیبت آتی ہے یا وہ بیمار ہوتا ہے تو خلوص قلب سے خدا کو یاد کرتا ہے۔ اور جب تندرست ہوتا ہے تو ایسا بے خبر ہو جاتا ہے۔ گویا کبھی خدا سے کام ہی نہ پڑا تھا۔

انجیل و تورات میں بھی انسان کی اس فطری خصلت کا ذکر آیا ہے۔ پس منطقیانہ نتیجہ یہ نکلا کہ آدمی کو بیمار ڈالنا اور مصیبت میں مبتلا کرنا چاہئے تاکہ وہ خدا پرستی کرے اور خدا سے غافل نہ ہو۔ اس حالت میں پادری صاحبان کو لازم ہے کہ شفاخانے بند کر دیں اور ایسی دوائیں تقسیم کریں۔ جن سے انسان بیمار زیادہ ہوں۔

بیماریاں بڑھیں گی تو خدا پرستی بھی ترقی کرے گی۔

ہندوؤں اور مسلمانوں کو بھی لازم ہے کہ وہ کونسلوں میں تجویز پیش کریں۔ اور شہروں قصبوں سے سرکاری اسپتال اُٹھوادیں۔ کیونکہ ان عام دواخانوں نے ہم کو از حد تندرست کر دیا ہے اور اس تندرستی سے ہماری ایمان درستی میں فرق آرہا ہے۔ فطرت بدلتی رہتی ہے۔ تو ہم کو بھی بدلتا رہنا چاہئے۔ کیا ضرورت ہے کہ ہم واعظ کہہ کر اپنا دماغ خراب کریں۔ اور کتابیں ہدایت و خدا پرستی کے لئے تصنیف کر کے اپنا روپیہ کھوئیں۔

بہت آسان علاج ہے۔ نہایت مزے دار نسخہ ہے۔ کھلی ہوئی بات ہے جس میں غور و خوض کی ضرورت ہی نہیں۔ مگر میں کہ اس نسخہ کا موجد ہوں از راہ حفظ ماتقدم عرض کرنا ضروری سمجھتا ہوں کہ مجھ پر اس نسخہ کا تجربہ نہ کیا جائے۔ میں پریشانی و بیماری میں خدا کو اتنا یاد نہیں کرتا۔ جتنا تندرستی میں جھک جھک کر اس کی عبادت بجالاتا ہوں۔ اور کہتا ہوں۔

اے مولیٰ اس بھول کے عالم گیر زمانہ میں میری یاد قبول کر میں تجھ کو کیونکر بھولوں کہ تیرے احسان اور تیری نعمتیں مجھ کو سر سے لے کر پاؤں تک دبائے ڈالتی ہیں۔ اور تو مجھ کو اِس قدر یاد آتا ہے۔ کہ زندگی کے مزے میں کرکراہٹ ہونے لگتی ہے۔ ہر گھڑی خیال یہی کہتا ہے کہ زندگی کے تمام شے ہیچ ہیں۔ کو کچھ ہے۔ زندہ خدا کی دید و شنید ہے۔ چونکہ میں اس کلّیہ سے مستثنیٰ ہوں۔ لہذا مجھ کو بیمار

ڈالنے کی کوشش نہ کی جائے۔ واجب جان کر عرض کیا:

رشتہ یا خدا۔۔۔۔

جس کو دیکھا نہیں، جو نہ خود سامنے آئے نہ دوسرے کو آگے بلائے اس سے محبت کیونکہ ہو۔ اس کے ساتھ مروت کیونکہ برتی جائے۔ اس کا لحاظ کون کرے۔

رشتہ داری بڑی چیز ہے۔ دقت پڑتا ہے۔ تو اپنے رشتہ ہی کے لوگ کام آتے ہیں۔ پسینہ کی جگہ خون بہاتے ہیں۔

رشتہ داری کے مقابلہ میں خدا کی رو رعایت بہت مشکل کام ہے۔ زندگی دنیا میں ہے اور خدا آخرت میں۔ رشتہ داری زندگی کے ساتھ وابستہ ہے۔ اس واسطے جس کو زندہ رہنا ہو۔ جو زندگی کو پر لطف رکھنا چاہتا ہو۔ اس کا کام تو یہی ہو گا کہ رشتہ کو خدا پر مقدم رکھے۔ جب مر جائے گا زندگی ختم ہو جائے گی۔ اس وقت خدا سے تعلق کر لیا جائے گا۔ جیتے جی تو رشتہ کو نہیں چھوڑا جاتا۔ اور ایک نا محسوس ان دیکھی چیز کی خاطر رشتہ کو توڑنا دشوار ہے۔

مگر دنیا میں ایسے لوگ بھی ہوئے ہیں جنہوں نے خدا کو رشتہ پر فوقیت دی۔ رشتہ سے توڑے۔ خدا سے جڑے۔ خبر نہیں خدا نے ان لوگوں پر کیا جادو کر دیا تھا کہ اس چمکتی دمکتی دنیا میں ان کو سوائے خدا کے کچھ بھاتا ہی نہ تھا۔

***

جھینگر کا جنازہ

میری سب کتابوں کو چاٹ گیا۔ بڑا موذی تھا۔ خدا نے پردہ ڈھک لیا۔ اُفوہ جب اس کی لمبی لمبی دو مونچھوں کا خیال کرتا ہوں۔ جو وہ مجھ کو دکھا کر ہلایا کرتا تھا تو آج اس کی لاش دیکھ کر بہت خوشی ہوتی ہے۔ بھلا دیکھو تو قیصر ولیم کی برابری کرتا تھا۔

اس جھینگر کی داستان ہرگز نہ کہتا۔ اگر دل سے عہد نہ کیا ہوتا۔ کہ دنیا میں جتنے حقیر و ذلیل مشہور ہیں۔ میں ان کو چار چاند لگا کر چمکاؤں گا۔

ایک دن اس مرحوم کو میں نے دیکھا کہ حضرت ابن عربی کی فتوحات کمیہ کی ایک جلد میں چھپا بیٹھا ہے۔ میں نے کہا کیوں رے شریر تو یہاں کیوں آیا۔ اُچھل کر بولا ذرا اس کا مطالعہ کرنا تھا سبحان اللہ۔ بھائی کیا خاک مطالعہ کرتے تھے۔ بھائی یہ تو ہم انسانوں کا حصہ ہے۔ بولا وہ قرآن نے گدھے کی مثال دی ہے کہ لوگ کتابیں پڑھ لیتے ہیں مگر نہ ان کو سمجھتے ہیں نہ ان پر عمل کرتے ہیں۔ لہٰذا وہ بوجھ اٹھانے والے گدھے ہیں۔ جن پر علم و فضل کی کتابوں کا بوجھ لدا ہوا ہے۔

مگر میں نے اس مثال کی تقلید نہیں کی۔ خدا مثال دینا جانتا ہے۔ تو بندہ بھی اس

کی دی ہوئی بلاغت سے ایک نئی مثال پیدا کر سکتا ہے اور وہ یہ ہے کہ انسان مثل ایک جھینگر کی ہے۔ جو کتابیں چاٹ لیتے ہیں۔ سمجھتے بوجھتے خاک نہیں۔

جتنی یونیورسٹیاں ہیں سب میں یہی ہوتا ہے۔ ایک شخص بھی ایسا نہیں ملتا جس نے علم کو علم سمجھ کر پڑھا ہو۔

جھینگر کی یہ بات سن کر مجھ کو غصہ آیا۔ اور میں نے زور سے کتاب پر ہاتھ مارا، جھینگر پھدک کر دوسری کتاب پر جا بیٹھا اور قہقہہ مار کر کہنے لگا۔ واہ خفا ہو گئے بگڑ گئے لاجواب ہو کر لوگ ایسا ہی کیا کرتے ہیں۔

لیاقت تو یہ تھی۔ کہ کچھ جواب دیتے۔ لگے ناراض ہونے اور دھتکارنے۔

ہائے کل تو یہ تماشہ دیکھا تھا۔ آج غسل خانہ میں وضو کرنے گیا تو دیکھا۔ بچارے جھینگر کی لاش کالی چیونٹیوں کے ہاتھوں پر رکھی ہے۔ اور وہ اس کو دیوار پر کھینچے لئے چلی جاتی تھی۔

جمعہ کا وقت قریب تھا۔ خطبہ کی اذان پکار رہی تھی۔ دل نے کہا جمعہ تو ہزاروں آئیں گے۔ خدا سلامتی دے۔ نماز پھر پڑھ لینا۔ اس جھینگر کے جنازے کو کندھا دینا ضروری ہے۔ یہ موقعے بار بار نہیں آتے۔

بے چارہ غریب تھا۔ خلوت نشین تھا۔ خلقت میں حقیر و ذلیل تھا۔ مکروہ تھا۔ غلیظ سمجھا جاتا تھا۔ اسی کا ساتھ نہ دیا تو کیا امریکہ کے کروڑپتی راک فیلر کے شریک ماتم ہوں گے۔

اگرچہ اس جھینگر نے ستایا تھا۔ جی دکھایا تھا۔ لیکن حدیث میں آیا ہے کہ مرنے کے بعد لوگوں کا اچھے الفاظ میں ذکر کیا کرو۔ اس واسطے میں کہتا ہوں۔

خدا بخشے بہت سی خوبیوں کا جانور تھا۔ ہمیشہ دنیا کے جھگڑوں سے الگ کونے میں کسی سوراخ میں بوریئے کے نیچے آبخورے کے اندر چھپا بیٹھا رہتا تھا۔ نہ بچھو کا سا زہر یلا ڈنک تھا، نہ سانپ کا سا ڈسنے والا پھن۔ نہ کوے کی سی شریر چونچ تھی۔ نہ بلبل کی مانند عشق بازی۔ شام کے وقت عبادت رب کے لئے ایک مسلسل بین بجاتا تھا۔ اور کہتا تھا کہ یہ غافلوں کے لئے صور ہے۔ اور عاقلوں کے لئے جلوۂ طور۔

ہائے آج غریب مر گیا۔ جی سے گذر گیا۔ اب کون جھینگر کہلائے گا۔ اب ایسا مونچھوں والا کہاں دیکھنے میں آئے گا۔ ولیم میدان جنگ میں ہے۔ ورنہ اسی کو دو گھڑی پاس بٹھا کر جی بہلاتے کہ مری مٹی کی نشانی ایک یہی بے چارہ دنیا میں باقی رہ گیا ہے............۔

ہاں تو " جھینگر کا جنازہ ہے ذرا دھوم سے نکلے "چیونٹیاں تو اس کو اپنے پیٹ کی قبر میں دفن کر دیں گی۔ میرا خیال تھا کہ ان شکم پرستوں سے اس توکل شعار فاقہ مست کو بچاتا۔ اور ویسٹ منسٹر ایبے یا قادیان کے بہشتی مقبرہ میں دفن کراتا۔ مگر جناب یہ کالی چیونٹیاں بھی افریقہ کے مردم خور سیاہ وحشیوں سے کم نہیں۔ کالی جو چیز بھی ہو۔ ایک بلائے بے درماں ہے اس سے چھٹکارا کہاں ہے۔

خیر تو مرثیے کے دو لفظ کہہ کر مرحوم سے رخصت ہونا چاہیے۔

جھینگر کا جنازہ ہے ذرا دھوم سے نکلے

قیصر کا پیارا ہے اسے توپ پہ کھینچو

اے پروفیسر اے فلاسفر۔ اے متوکل درویش۔ اے نغمۂ ربانی گانے والے قوال ہم تیرے غم میں نڈھال ہیں۔ اور توپ کی گاڑی پر تیری لاش اٹھانے کا اور اپنے بازو پر کالا نشان باندھنے کا ریزولیوشن پاس کرتے ہیں۔ خیر اب تو تو شکم مور کی قبر میں دفن ہو جا۔ مگر ہم ہمیشہ ریزولیوشنوں میں تجھے یاد رکھیں گے۔

***

لاکھ نے نہیں، کروڑ نے

لکھنؤ کی نسبت سنا ہے۔ پہلے وہاں نائی آباد تھے۔ اور ان کی ایک لاکھ کی بستی تھی، لاکھ نائی سے لاکھ ناؤ ہوا اور لاکھ ناؤ سے لکھنؤ بن گیا۔

دسمبر ۱۹۱۶ء میں یہ لاکھ ناؤ تمام ہندوستان کے حجاموں کا مرکز تھا۔ یعنی ہندوستان کے سب نائی یہاں جمع ہوئے تھے۔ اس واسطے اس وقت اس کا نام لکھنؤ نہیں بلکہ کروڑ نؤ ہونا چاہیئے تھا۔

نائی اور حجام کے لفظ سے لیگ اور کانگریس کے اراکین برا نہ مانیں۔ کیوں کہ حجام کمین پیشہ ور نہیں ہے۔ وہ انسان کے چہرے کی اصلاح کرتا ہے اور لیگ و کانگریس بھی ہندوستانی چہروں کی اصلاح بنانی اپنا مقصود بیان کرتی ہیں۔ اس کے علاوہ "سید القوم خادمھم" پر غور کیا جائے۔ یعنی اس حدیث پر کہ قوم کا سردار در حقیقت قوم کا خادم ہوتا ہے تو معلوم ہو گا کہ اگر وہ حجام بھی ملک ہند کا ایک حصہ ہے اور کانگریس و لیگ بحیثیت قایم مقامی فرقہ حجام کے لامحالہ نائی ہونے سے انکار نہیں کر سکتی۔ ورنہ اس کی قایم مقامی کی صداقت غلط ہو جائے گی۔ اب کے لکھنؤ میں لیگ و کانگریس کا اتحاد ہو گیا اس کی یادگار منانی چاہیئے۔ اور وہ یہ ہے کہ اب لکھنؤ کا

نام کروڑناور رکھ دیا جائے۔

امید ہے کہ اردو کانفرنس اس کے بارے میں تار برقیاں چھپوائے گی۔ جس طرح سینٹ پیٹرز برگ کے بدلے پیٹرد گراڈ کے تار شائع ہوئے تھے۔

***

قیصرہ کے بچے کوسنے میں آتے ہیں

خدا کی مار اس کھوجڑے پیٹی لڑائی کو۔ ننھے کے آبا کو خبر نہیں ہو کیا گیا ہے کسی نے کچھ کھلا دیا ہے یا کچھ کر دیا ہے یا دشمنوں کے دماغ میں کچھ خلل آگیا ہے۔ لڑائی کے پیچھے ایسے ہاتھ دھو کر پڑے ہیں کہ کسی ارمان ادھر سے خیال نہیں ہٹتا۔ لاکھوں عورتیں بیوہ ہو گئیں۔ بے شمار بچے یتیم ہو گئے۔ گھر بار جڑوں سے کھد گئے۔ لیکن ننھے کے ابا کے سر سے لڑائی کا جن نہ اترا۔ نوج ایسے مردوے بھی کس کام کے۔ سمجھاتے سمجھاتے سر چکرا گیا۔ مگر ان کے کان پر جوں تک نہ چلی۔

خدا رکھے میرے جوان جمان لالوں کو خواہ مخواہ ساری دنیا کے کوسنے میں آتے ہیں۔ بھاڑ میں جائے یہ بادشاہی چولھے میں جائے یہ تخت وخت۔ مجھے دو روکھی سوکھی روٹیاں بس ہیں۔ میں کل کل کی بادشاہی ایک دم کو بھی نہیں چاہتی۔ میرے بچے جئیں بیسا سو برس۔ بس یہی میری بادشاہی ہے۔

قیصرہ دل ہی دل میں یہ باتیں کر رہی تھی کہ سامنے سے ولی عہد آتا دکھائی دیا اور دور سے بولا اماں اماں بھوک اماں روٹی۔

قیصرہ نے ولی عہد کی چٹ چٹ بلائیں لیں۔ اور کہا چلو بیٹا۔ دستر خوان بچھا ہوا

ہے ذرا تمہارے باوا جان کو بلا لوں سب مل کر کھانا کھانا۔

ولی عہد نے ٹھنک کر کہا۔ نہیں بی ہمیں تو ابھی کھلا دو۔ ابا جی خبر نہیں کب تک آئیں گے وہ تو لڑائی کے کاغذ پڑھ رہے ہیں۔

ولی عہد کی بات پوری نہ ہوئی تھی کہ قیصرہ کی چھوٹی لڑکی بسورتی ہوئی آئی اور ماں کے لہنگے کو پکڑ کر کہا۔ اری بی آج روٹی دو گی۔ یا بھوکا مارو گی۔

قیصرہ بچوں کو لے کر دالان میں گئی۔ کھانے پر بٹھایا۔ اور لپکی ہوئی قیصر کے پاس پہنچی۔ قیصر اس وقت اپلوں کی دھونی رمائے ایک کھوپڑی سامنے رکھے کچھ منتر پڑھ رہا تھا۔ کالے ماش آگ میں ڈالتا جاتا تھا اور سیندور کے ٹیکے کھوپڑی میں لگا رہا تھا۔

قیصرہ یہ تماشہ دیکھ کر پہلے تو بہت ڈری۔ مگر پھر ذرا جی کڑا کر کے بولی:۔

اے تم کیا کر رہے ہو، چلتے نہیں۔ کھانا ٹھنڈا ہو رہا ہے۔ قیصر نے ایک ہوں کی اور ہاتھ کے اشارے سے کہا تم چلو بچوں کو کھلاؤ میں ابھی آتا ہوں۔

قیصرہ بولی۔ بس ہوں۔ ہاں ہو چکی۔ لونا چماری کو بلا چکے۔ دو نوالے چل کر کھلاؤ۔ بچوں کو کھلاؤ جو بھوک کے مارے بلبلائے جاتے ہیں۔

قیصر نے یہ سن کر تیوری چڑھائی۔ اور زور سے دھتکارنے کی ایک ہوں کی۔

بے چاری قیصرہ کانپ گئی اور آنکھوں میں آنسو بھرے وہاں سے الٹی پھری۔ راستہ میں اس نے کہا ارے میری تو قسمت پھوٹ گئی۔ خدا کی سنوار اس موئے پادری کو جس نے اس دیوانے مجذوب سے میرا نکاح پڑھایا۔ میں کیا جانتی تھی کہ

میری تقدیر ایسے پتھر پڑ جائیں گے۔

یہ کہتی ہوئی دستر خوان پر آئی اور روٹی کا ٹکڑا توڑ کر کھانے لگی۔

اتنے میں قیصر بھی آیا اور چپ چاپ کھانا کھانے لگا۔ قیصرہ سے بات کی نہ بچوں سے کچھ دیر کی خاموشی کے بعد قیصرہ بولی۔

اے دیکھنا میں تم سے ایک بات کہوں۔ اگر خفا نہ ہو۔ میرا تو تمہارے مزاج سے ناک میں دم آگیا ہے۔ بات کہتے کلیجہ لرزتا ہے۔

قیصر نے گردن موڑ کر کہا کیا بکتی ہو۔ منہ سے پھوٹ چکو۔ جو بکنا ہے بکو۔

قیصرہ سہم گئی اور کہا اسی واسطے تو میں تمہارے منہ نہیں لگتی۔ بات کہنا ظلم ہے۔ اٹھے پہاڑ کھانے کو۔

قیصر نے نرمی سے کہا۔ کہو گی بھی آخر کیا بات ہے۔

قیصرہ نے کہا میں اس موذن لڑائی کے واسطے کہتی تھی۔ میرا تو دم سناٹوں میں جاتا ہے۔ دیکھو اس بھونچال کا انجام کیا ہوتا ہے۔ او تقدیر کیا کیا چکر دکھاتی ہے۔ تمہیں تو لڑائی بھڑائی میں مزہ آتا ہے۔ اور میرے بچے مفت میں کوسنے کھاتے ہیں۔

قیصر نے ابھی کچھ جواب نہ دیا تھا۔ کہ ولی عہد بولا۔ کہ ہاں ابا اباجی سچ تو کہتی ہیں۔ آپ ناحق دنیا میں خون خرابہ کرتے ہیں۔ ساری دنیا سے آپ کیوں کر جیت سکیں گے۔ خدا دیکھا نہیں عقل سے پہچانا۔

قیصر یہ سن کر مسکرایا۔ اور اپنی جیب میں سے ایک بکس نکالا اور اس کو کھول کر

بکس کے اندر ایک جزدان تھا۔ اس کو کھولا تو ایک اور جزدان نکلا۔ اس کو کھولا تو تیسرا نکلا۔ غرض اسی طرح سے سات جزدانوں کے اندر سے ایک آئینہ بر آمد ہوا۔ قیصر نے اس آئینہ کو دھوپ کے رخ چمکایا۔ تو یکایک سامنے ایک باغ پیدا ہو گیا۔ قیصرہ اور ولی عہد اس باغ کو دیکھ کر حیران رہ گئے۔ اس کے بعد قیصر نے اس آئینہ کو پھر چمکایا۔ تو وہ باغ جل کر خاک ہو گیا۔

قیصر یہ تماشہ دکھا کر بولا دیکھا میرے منتروں کو۔ جب یہ آئینہ میرے پاس ہے تو میں کوسنے کاٹنے کی کیا پروا کروں۔ میرا کسی کے کوسنے سے بال بیکا نہ ہو گا۔

قیصرہ اور ولی عہد ششدر بت بنے کھڑے تھے اور کہتے تھے کہ بے شک اس جادو کا جواب دنیا میں کہیں نہیں۔

یہ آئینہ کی افواہ دلی میں بہت مشہور ہوئی تھی۔ اور اس کے اور کچھ اور حواشی بھی تھے جن کا لکھنا عبث تھا۔ لٰہذا صرف آئینہ کی افواہ پر میں نے دہلی کی مستورات کے ولولہ کا رنگ چڑھا دیا۔ اور سمجھ لیا کہ وہ قیصر جرمن و قیصرہ نہیں دہلی کے کوئی زرکوب یا روز گار کا خاندان ہو گا۔ جن کی حالت پر یہ خیال تصنیف کیا گیا۔ اور سننے والوں کو اس نے مزہ دیا۔

***

بنت چھپکلی

خدا کے لئے ریزلو جلدی آؤ۔ اس بنت چھپکلی کو دیوار سے ہٹاؤ، یکساں پروانوں کو کھائے چلی جاتی ہے۔

گرمی آئی میں نے لیمپ جلایا۔ پروانوں کی آمد ہوئی۔ لکھنا پڑھنا خاک نہیں ان کی بیقراریاں دیکھ دیکھ کر جی بہلاتا ہوں۔ شریر چھپکلی زادی کہاں سے آگئی۔ جو غریب عشق بازوں کو نگل رہی ہے۔

ابھی تو مس ہے لیڈی ہو گی تو خبر نہیں کیا غضب ڈھائے گی۔ اس کی دم کاٹ لو بڑی حرافہ ہے۔ کیوں ری مردار میرے چہیتے پتنگوں کو کیوں کھاتی ہے۔ جلادوں تیرا منہ بھڑکاؤں شعلہ۔ بجھاؤں تیری زندگی۔

ہائے ریزلو۔ تم اب تک نہ آئیں۔ دیکھو اس نے پھر ایک تیتری کو پکڑ لیا۔ منہ میں دبائے بیٹھی ہے۔ گردن اونچی کرتی ہے اور نگلنا چاہتی ہے۔ بیچاری تیتری کیسی بے کسی سے اس کے منہ میں گرفتار ہے۔

بھائی یہ عشق بری بلا ہے۔ نہ روشنی پر آتی نہ جان گنواتی۔ شعلہ پر چمنی تھی۔ محبوب کے رخ تک اسے رسائی نہ ملی تو چھپکلی کے آتش شکم کی نذر ہوئی۔

اللہ اللہ ایک زمانہ تھا جب آبادیہ کاشانہ تھا۔ ہر چیز صاف تھی۔ نہ مچھر آتے تھے۔ کھٹمل پسوؤں سے بھی نجات تھی۔ چھپکلیوں کا بھی گزر نہ ہو سکتا تھا۔ مگر جب سے ویرانہ میں گھر بنا ہے سب ستانے آتے ہیں۔ طرح طرح سے چٹکیاں لے کر رلاتے ہیں۔

تم کہتے ہو ۱۴ کے پرچے کو چٹکیاں لکھ کر دوں۔ کیا لکھوں میرے دل میں خود لوگ چٹکیاں لے رہے ہیں۔ اور تم خیال نہیں کرتے۔

خبر نہیں خدا نے مجھ کو یہ حس کیوں دی ہے۔ اس کے ہاتھوں جی نڈھال ہے ہر صبح و شام جان کو نیا وبال ہے۔ مجھ کو سوخت ہوتی ہے۔ آپ کباب کا مزہ اٹھاتے ہیں۔ اچھی تعریف ہے۔ اچھی واہ واہ ہے۔

فطرت شناسی کیسی۔ مجھے خدا کے یہ جانور چین نہیں لینے دیتے۔ کہاں جاؤں اور کیوں کر دل سے ان باتوں کو جدا کروں۔ جب طبیعت میں موج آئے گی لکھ دوں گا اب کے تو اس خط کو چٹکیوں میں درج کر دینا۔

***

شگفتہ نثر، تیکھے انشائیے

زندگی زندہ دِلی

مصنف : مجتبیٰ حسین

بین الاقوامی ایڈیشن منظر عام پر آچکا ہے